Wege durchs Küstengebirge

Zwischen Vergangenheit und Zukunft

CRSO

Caminhos do Mar

Entre Passado e Futuro

Marc Jan Peter Zimmermann

Wege durchs Küstengebirge

Zwischen Vergangenheit und Zukunft

Marc Jan Peter Zimmermann

Herstellung und Verlag:
Books on Demand GmbH, Norderstedt
ISBN 978-3-8423-3661-2

„Schreibe Dinge, die sich zu lesen lohnen, oder tu' Dinge, über die es sich zu schreiben lohnt."

„Ou escreves algo que valha a pena ler, ou fazes algo acerca do qual valha a pena escrever."

–Benjamin Franklin

Dank an:
Meine Frau,
Meinen Bruder,
Meinen Grossvater, Mutter und Grossmutter
Nicola Fink und Alle die mich auch noch dazu unterstützt haben

Agradeço:
Minha mulher
Meu irmão
Meu avô, mãe e avó
Nicola Fink e todos outros que me apoiaram

Verzeichnis

Vorwort

Heutzutage ist es selbstverständlich und fast langweilig bequem geworden durchs Küstengebirge von der Paulistaner Hochebene zum Meeresstrand zwischen São Paulo und Santos hinunter- oder hinaufzufahren, entweder auf der Anchieta Autobahn oder der noch moderneren Imigrantes.

Es ist etwas so Normales geworden, dass man sich des bei Ab- oder Auffahrt durchs Küstengebirge überwundenen Höhenunterschiedes in unseren konfortablen Fahrzeugen kaum noch bewusst wird.

Aber wie ist das früher einmal von Indianern, Portugiesen oder Bandeirantes geschafft worden? Bandeirantes waren die Entdeckern und Erforschern des Landesinnern. Wie hat sich dieser entscheidende Verbindungsweg zu dem entwickelt, was wir heute kennen?

Das waren Fragen, über welche ich mir den Kopf zerbrochen hatte, seit eine Professorin an der Universität über Einzelheiten des „Calçada do Lorena" (Pflaster des Lorena) erzählt hatte.

Um von der alten Strasse ein wenig mehr zu verstehen, muss man um andere Dinge wissen und dadurch hat das kleine Werk, das sich nur auf die Strasse beschränken sollte, begonnen die Geschichte der Baixada Santista (Niederung von Santos) einzuschliessen. Nur wenige Leute wissen, dass es das erste Hospital des gesamten amerikanischen Kontinents (Nord-, Mittel- und Südamerika) in dieser Baixada Santista gab. Wenige wissen, dass die ersten Wahlen unseres Kontinents in dieser gleichen Baixada Santista stattgefunden hatten. Wer kann sich heute vorstellen dass in jener Epoche Brasilien in solchen Fragen an der Spitze und nicht unter den Nachzüglern (in solchen Fragen) gelegen hatte.

Beginn - Wir sind „entdeckt" worden

Wir haben in der Schule gelernt, dass der Erdteil, welcher heute Brasilien beherbergt, im Jahr 1500 von Pedro Álvares Cabral „entdeckt" worden ist. Ich setze „entdeckt" in Anführungszeichen, weil dies eine eurozentrische Ansicht unserer Geschichte darstellt, denn genau genommen war unser Land durch eingeborene Völker schon bewohnt.
Unklar ist auch, ob die Portugiesen wirklich die ersten Nicht-Eingeborenen waren, die unseren Boden betreten haben? Da gibt es vielerlei Theorien, manche mehr, andere weniger realistisch.

Cabral verliess Lissabon Anfang März 1500 mit einer Flotte von 13 Schiffen (Einmastern und Karavellen). Sein Auftrag war klar: Unter dem afrikanischen Kontinent hindurch nach Indien zu segeln und Spezereien nach Portugal zu holen.
Im Verlauf der ersten Wochen entfernte sich die Flotte vom afrikanischen Kontinent und segelte mehr westwärts und sichtete zum ersten Mal die Küste von Bahia.
Das ist ein weiteres Fragezeichen unserer Geschichte:
Hatte Cabral diese Abweichung bewusst (aufgrund von Berichten anderer Seefahrer) gemacht, oder war es unabsichtlich geschehen (wie einige Geschichtsbücher lehren)?

Tatsache ist, dass Pedro Álvares Cabral am 22. April 1500 zum ersten Mal unsere Küste gesichtet hatte. Am 24. April empfing er auf einem seiner Schiffe eingeborene Abgeordnete (zu jener Zeit war der Küstenstreifen von Bahia von zwei indianischen Nationen bevölkert, den Tupinambás und den Tupiniquins – beide zur Sprachgruppe Tupi gehörig) und am 26. April setzte er die Reise nach Indien fort, nicht ohne zuvor eine Messe zu zelebrieren.

Übrigens haben die Portugiesen aus der beobachteten Neugier der Eingeborenen während der Messe geschlossen, dass sie leicht zu bekehren seien. Ein Schluss, der sich als Irrtum erweisen sollte.

Cabral schickte ein Schiff unter Kommando von Gaspar de Lemos zurück nach Portugal mit einem vom Schreiber Pero Vaz de Caminha geschriebene Dokument.
Der vom portugiesischen Schreiber, Bürger der Stadt Porto geschriebene Brief ist berühmt geworden und ist fast wie eine Geburtsurkunde für Brasilien.
Wenn er auch einige kleine Täuschungen enthielt, wird aus dem Brief das Erstaunen ersichtlich, welche die Eingeborenen unter unseren „Entdeckern" ausgelöst hatten.

Für besonders Interessierte befindet sich der original Brief des Caminha in voller Länge auf Portugiesisch im Anhang am Ende des Buches. Er verdient es, gelesen zu werden, um das Staunen der Portugiesen über Fauna, Flora und Eingeborene zu erkennen.

Ich will hier nur seinen letzten, sehr berührenden Absatz zitieren, in dem Caminha bittet, dass Don Manuel, König von Portugal, den wegen Überfall und Gewaltanwendung eingesperrten Ehemann seiner Tochter freilasse ....

„Und dann, mein Herr, ist gewiss, dass sowohl in diesem Auftrag, den ich wie in sonstigen Euch zu Diensten bin, Eure Hochwohlgeboren von mir sehr gut gedient werden muss, und Sie dafür um Eure einzigartige Gunst bitte von der Heiligen-Thomas- Insel den Jorge de Osório, meinen Schwiegersohn, holen zu lassen – welche ich von Euch in tiefer Demut empfangen werde."

Cabral fuhr weiter nach Indien, verlor unterwegs einige Schiffe, hatte in seiner Unternehmung keinen vollen Erfolg, kam aber immerhin 1501 nach Portugal zurück mit 5 Schiffen vollbeladen mit Spezereien.

Das Interesse Portugals galt weiter Indien, wo man mehr Reichtum vermutete, während die Kolonisierung des neuen Erdteils nur langsam voranschritt.

Marc Jan Peter Zimmermann

Die Insel von São Vicente

Verbrecher, Verrat, Angriffe und Vergeltung

D ie ersten Berichte über die Insel São Vicente beginnen erst nach den Ereignissen in Bahia. 1502 unternahm Americo Vespuccio eine Erkundigungsreise zur brasilianischen Küste. Als er über die Insel kam, die den Indianern als Goiaó (auch Gohayó oder Guaiaó geschrieben) bekannt war, entschieden sich die Forscher ihr den Namen des Heiligen des Tages zu geben, São Vicente.

Die portugiesische Königsfamilie hatte in den folgenden Jahren wenig Interesse für die Gegend gezeigt. Während dieser Jahrzehnte kamen verschiedene Freibeuter und Seeräuber in die Region auf der Suche nach Pau-Brasil (Brasilholz), ein damals begehrtes Edelholz. Dieses Holz war reichlich verbreitet im atlantischen Urwald, besonders an dieser Stelle.

In dieser Zeitspanne begann hier, die mehrzahl der Historiker ist sich darüber einig, die erste nicht-offizielle Kolonisierung durch einen der bei der Expedition von Vespuccio mitgebrachten „Verbannten", welche womöglich der Portugiese Cosme Fernandes war, den manche als Baccalaureus von Cananeia kannten.

Tatsache ist, dass die Besiedelung an dieser Stelle einsetzte und gedieh.

Hier möchte ich übrigens etwas einfügen. Was heisst denn „Verbannter", ein gewöhnliches Wort jener Zeit? Ein kurzer Blick ins Lexikon und wir erfahren, dass ein Verbannter jemand ist, der die Strafe der Verbannung erlitten hat, d.h. durch Regierungsdekret aus seinem Land wegen begangener Verbrechen ausgewiesen oder ausgeschlossen wurde.

Sind die Brasilianer also von Banditen kolonisiert worden? Von Verbrechern?

Alles muss im historischen Zusammenhang jener Epoche gesehen werden.
Wenn einerseits die Verbannten aus der portugiesischen Gesellschaft verstossene Personen waren, müssen wir andrerseits verstehen, was zu jener Zeit als Verbrechen gegolten hat.

Die „philipinischen Verordnungen" (Gesetze, die zu jener Zeit in Portugal galten) straften als Verbrechen jedweden Akt, der die Krone entwürdigte, vom Nichtgrüssen des Konterfeis des Königs, dem Lieben einer Schwägerin, Unterlassung des Kirchenbesuchs bis zu kleinem Diebstahl, usw.

Was hat Cosme Fernandes, der erste Landbesitzer im Raum von São Vicente, getan, dass er aus Portugal verbannt wurde? Wer war Cosme Fernandes?

Man weiss nicht viel Genaues über ihn. Bekannt ist, dass er eine in Coimbra akademisch gebildete Person war (ein ziemlicher Status damals), dass er am Hof von Dom Manuel, König von Portugal, angesehen war, bis er in Ungnade des Königs fiel und verstossen wurde. Man weiss nicht genau, was der Grund fürs in „Ungnade" fallen war.

Kommen wir zurück zu unserer Geschichte. Fernandes, eine der ersten herausragenden Persönlichkeiten in unserer Gegend, hatte die Siedlung von São Vicente durch den Handel mit den Eingeborenen wachsen und gedeihen lassen.
Nach einem Dokument aus dem Jahr 1526 zählte die Ansiedlung schon ein Dutzend Häuser, eines davon ein Steinhaus.

1531 entschloss sich die königliche Krone die Kolonisierung Brasiliens amtskundig zu machen und sandte dazu Martim Affonso de Souza. Eine seiner Aufgaben war die Regierungsgewalt der Region zu übernehmen und dem verbannten Fernandes die Macht zu entziehen, den man jetzt der Bildung einer Teilhaberschaft mit den Spaniern bezichtigte. Man muss darauf hinweisen, dass die beiden Männer, welche die Anschuldigung erhoben, mit Landbesitz belohnt worden waren.

Fernandes soll von den Pläne Afonso de Souzas unterrichtet worden sein, sich entschlossen haben die Ansiedlung Richtung

Cananéia zu verlassen und vor seinem Aufbruch die Siedlung in Brand gesteckt haben.

Martim Afonso de Souza gründete offiziell die erste brasilianische Stadt, São Vicente, am 22. Januar 1532, auf den Ruinen, welche von der ehemaligen Siedlung übrig geblieben waren.

Er gab der Stadt ein organisches Gefüge, verteilte „Sesmarias" (Parzellen für landwirtschaftliche Nutzung), errichtete neue Gebäude und verliess sie 1533 um das Komando über das Indische Meer zu übernehmen.

1534 führte der König von Portugal die erblichen „Capitanias" (Statthaltereien) mit dem Ziel ein, die Kolonisierung zu fördern und die Verteidigung gegen die Angriffe anderer europäischer Nationen zu verbessern. Die Capitania von São Vicente wurde Martim Afonso de Souza verliehen. Das sollte der erste Name des (späteren) Staates São Paulo sein.

1536 entschied sich der Baccalaureus von Cananéia, (Fernandes), sich zu rächen, die Stadt São Vicente anzugreifen, sie zu plündern und einen von denen zu töten, die ihn der Teilhaberschaft mit den Spaniern bezichtigt hatten. Das ist die letzte historische Erwähnung von Cosme Fernandes.

Übrigens war der Hafen von São Vicente der Schauplatz des ersten Umweltdesasters in Brasilien. Man hatte den Strandboden gereinigt und zubereitet für den Bau des Hafens, dabei die Schutzschicht des Bodens entfernt und bei jedem stärkeren

Regen wurde nun Sand ins Meer gespült, was das Ankern der portugiesischen Karavellen unmöglich machte.

Nach dem Überfall vom Baccalaureus von Cananéia und der Versandung des Hafens entschied der neue Verwalter Brás Cubas an einem geschützteren Platz einen neuen Hafen zu bauen, bekannt als Enguaguaçu. Man glaubt, weil die neue Ansiedlung einen indianischen Namen hat, dass es Bras Cubas eigene Initiative war und nicht eine offizielle Entscheidung aus Portugal gekommen war.

1543 erbaute Brás Cubas außerdem das erste Hospital des amerikanischen Kontinents, das „Heilige Haus der Barmherzigkeit aller Heiligen". Die Vila (Siedlung) war von da an bekannt als „Todos os Santos" (Allerheiligen) und, später einfach nur noch: ...Santos!

Und damit beginnt der Niedergang der Stadt São Vicente.

Erschließung - Entwicklung

Die übliche Vorgehensweise der portugiesischen Kolonisierung beinhaltete eine erste Ansiedlung an der Küste, sie zu entwickeln und auszubauen und als Sprungbrett für weitere Ansiedlungen zu nutzen.

Und in dieser Gegend konnte alles darauf hindeuten, dass es nicht anders sein würde, vor allem weil die Mauer der Berge (das Küstengebirge) den Eingang ins Landesinnere begrenzt.

Trotz aller Schwierigkeiten, den Aufstieg im Küstengebirge zu überwinden, wurde schon 1553 eine weitere Vila (Siedlung) auf der Höhe des Gebirges gegründet, Vila de Santo André da Borda do Campo (Vila des Heiligen Andreas vom Rand des Feldes). Im folgenden Jahr, am 25. Januar 1554, gründeten die Jesuitenpater auf einem Hügel von Piratininga das Kolleg zur Katechisierung der Eingeborenen, welches die Gründung der Stadt São Paulo darstellt.

Der Grund: Der Küstenstreifen war durch das Gebirge sehr schmal und war zusätzlich durch die Gegenwart von Wattenmeer beengt, was eine landwirtschaftliche Nutzung erschwerte.
Wohingegen die Hochfläche landwirtschaftlich genutzt werden konnte, aber durch das Gebirge von der Küste so unüberwindbar

getrennt war, daß praktisch keinerlei Handel möglich war. In der Folge entwickelte sich die Capitania von São Vicente besonders schlecht und war nicht in der Lage mit anderen, wie Pernambuco oder Bahia, zu konkurrieren. Die Region wurde die rückständigste von ganz Brasilien.

Im siebzehnten Jahrhundert diente São Paulo hauptsächlich als Ausgangspunkt für die „Bandeiras" (Fahnen), Expeditionen von „Bandeirantes" (Fahnenträger), ins Innere Brasiliens, während die Region von Santos wirtschaftlich stagnierte. Erst gegen Ende des achtzehnten Jahrhunderts, mit dem Bau des „Calçada do Lorena" (Pflaster des Lorena - Steinweg zwischen Küste und Hochfläche), der Öffnung der Häfen und weiterer Verbesserungen in Santos und São Paulo, begann die Gegend zu blühen.

Wege des Küstengebirges

Schon die Eingeborenen der Gegend der heutigen Niederung von Santos und des Hochplateaus von São Paulo haben verschiedene Pfade benützt um den Höhenunterschied des Küstengebirges zu überwinden. Einen dieser Pfade muss auch von den Jesuiten benutzt worden sein um zur Hochfläche von São Paulo zu gelangen und das Kolleg auf einem der Hügel von oder bei Piratininga gründen.

Im Laufe der Zeit entstand ein Hauptweg, damals als Pfad der Tupiniquins bekannt, als Hauptverbindung zwischen der Küste und der Vila São Paulo von Piratininga. Den Weg nannte man auch den Pfad von Paranapiacaba oder Piaçagüerapfad.

Dieser Weg begann in São Vicente, führte durch eine Wattengegend (heutzutage Cubatão) und weiter das Küstengebirge hinauf bis zur Quelle des Tamanduateí-Flusses (heute Mauá) und von dort zum Anhangabaú-Bach im Dorf der Tibirissá-Indianer in Piratininga (heute Kolleg-Hof im Zentrum São Paulos)
Dieser Pfad führte durch das Territorium der Tamoio-Indianer und es waren nicht wenige Wanderer, die getötet und verschlungen wurden auf dieser Strecke, die allein zur Überwindung des Gebirges zwei ganze Tage in Anspruch nahm.

Ich muss hier hinzusetzen, nur um zu versuchen verständlicher zu machen, wer die Tamoios waren. Die Tamoios sind nichts anderes als eine Allianz zwischen verschiedenen Völkern vom Sprachstamm Tupi (angeführt von den Tupinambás und unter anderen Völkern gab es die Guianazes und Aimorés). Das heisst, Tamoio bezieht sich nicht auf irgendein spezifisches Indianervolk.

Der Begriff Tamoio kommt von „tamuya", was die Alten bedeutet, die Betagten, womit angedeutet ist, dass es die ältesten Tupistämme waren, die mit größter längster Tradition. Diese Allianz entstand 1560 nach den Angriffen der Portugiesen und einiger Mestizen aus São Vicente, welche Sklaven zur Arbeit in den Zuckerrohrplantagen suchten.
Diese gut operierende Allianz war lange Zeit hindurch der schwierigste Gegner der Portugiesen.
Ihr höchster Führer war der Häuptling Cunhambebe, dem es in seinen Kämpfen gegen die Portugiesen sogar gelang den Beistand der Franzosen zu bekommen, der Bertioga belagerte und das Kolleg, wo später die Stadt São Paulo entstand. Der Anfang vom Ende der Tamoios entstand mit dem Austritt der Guaianazes-Indianer, die sich mit den Jesuiten von São Paulo verbanden.

Aber zurück zu den Wegen des Küstengebirges.
1554 wurde der Weg des Paters José de Anchieta zum Austausch gegen den Pfad der Tupiniquin-Indianer eröffnet. Der Weg wurde ausgebaut von João Pires, dem Stotterer, als

alternative Strafe für das Auspeitschen eines Sklaven bis zum Tod. Die Wegstrecke von Santos betrug ungefähr 60 bis 70 km, hinauf durchs Gebirge von Paranapiacaba auf der Westseite des Pereque-Flusses bis dieser auf den Rio Grande trifft, und endet am sogenannten Haupthafen (Hügel des Piratininga-Kollegs). 1585 hatte Pater Fernão Cardim, der diesen Weg hinaufstieg, folgenden Kommentar hinterlassen: *„Der Weg ist voller Moraststellen, der schlimmste den ich je sah, und immer stiegen wir riesige Bergkämme hinauf und hinunter und kamen durch Flüsse und Schiessbäche eisiger Wasser."*

Dieser Weg war noch weit davon entfernt die Aufgabe einer wirklichen Verbindung zwischen Küste und Hochfläche zu erfüllen und für die Beförderung von Handelsware geeignet zu sein.

Marc Jan Peter Zimmermann

Pflasterstrasse des Lorena

Hier an diesem Punkt tritt eine neue Persönlichkeit in unsere Geschichte: Bernardo José Maria de Lorena e Silveira, fünfter Graf von Sarzedas, 1756 in Lissabon geboren, wurde 1786 zum neuen Oberhaupt der Capitania von São Paulo ernannt. Lorena übernahm den neuen Posten erst im Juli 1788.

Eine seiner ersten Entscheidungen auf dem neuen Posten war die Verbindung zwischen Küste und Hochfläche zu verbessern. Dafür nutzte Lorena die Kenntnisse einer der besten Gruppen von Ingenieuren der königlichen Militärakademie aus Lissabon unter der Leitung von Brigadegeneral Joao da Costa Ferreira. Die neue Verbindung sollte das Gebirge hinaufführen, ohne Flüsse oder Stellen mit Abrutschgefahr zu passieren und gleichzeitig deutlich breiter werden.

So entstand die „Pflasterstrasse des Lorena", eines der grössten Bauwerke des kolonialen Brasilien. Die Herausforderung einen „gepflasterten" Verbindungsweg zu bauen und dabei 700 m Höhenunterschied zu überwinden, in einer Region dichten atlantischen Urwalds, hohem Niederschlagsindex und Erdrutschen, war gigantisch.
Die angewandten technischen Finessen waren völlig neu im kolonialen Brasilien.

Die Spur führte im Zick-zack hinauf, Querrinnen zur Ableitung des Regenwassers wurden gebaut, eine beeindruckende Ingenieurleistung für die damalige Zeit.

Die Arbeit wurde so gut ausgeführt, dass einige Strecken bis heute noch benutzt werden können. Ferreira wurde berufen andere grosse Bauwerke im kolonialen Brasilien auszuführen und seine karthografischen Arbeiten werden heute noch im Paulistaner Museum und in der Nationalbibliothek Brasiliens ausgestellt.

Der neue Verbindungsweg wurde 1792 fertiggestellt und, abgesehen von der Verkürzung der Gesamtstrecke um 20% , ermöglichte sie die Verwendung von Maultieren zum Gütertransport, da sie weniger steil war und an den steileren Stellen Stufen hatte. Es war der erste Schritt zum Transport der Zuckerproduktion in handelsüblichen Mengen der Ortschaften vom Innern São Paulos. Es war der erste Schritt zum Transport der Zuckerproduktion der Ortschaften vom Innern São Paulos Richtung Küste in handelsüblichen Mengen. Lorena ging sogar noch weiter: er ordnete die Schaffung von Weiden an, um die Herden von Maultieren zu füttern.

Historisch hatte sich die wichtigste über diesen Weg erfolgte Reise im September 1822 zugetragen, als der Prinz-Regent Dom Pedro II in Richtung São Paulo heraufkam, um am 7. September die Unabhängigkeit Brasiliens zu proklamieren.

Zuckerrohr, Kaffee, Pferdekarren, Eisenbahn und .... Automobile

Während der Anbau von Zuckerrohr allmählich zurückging, wuchs der Kaffeanbau und die Pläne, die Verbindung zwischen Küste und Hochplateau zu verbessern, standen unter Dampf. 1844 wurde der Weg der Mündigkeit (in Huldigung der Volljährigkeit von Dom Pedro II) gebaut. Dieser Weg erlaubte den Verkehr von Karrossen. São Paulo trat nun endgültig in die Rolle der in Brasilien am besten gedeihenden Gebiete.

Der wachsenden Bedeutung des Kaffees, folgte auch das Wachstum der Eisenbahnen und 1860 begann der Bau der Santos-Jundiaí-Eisenbahn und so wurde der Kaffee-Transport in erster Linie per Bahn gemacht. Selbst mit dem Rückgang der Benutzung der Strasse, erfolgte 1864 eine Reform, vor allem zur Verbreiterung einiger Kurven (wie der berühmten Todeskurve). Die Strasse nannte sich von nun an Vergueiro-Strasse.

Das war die letzte bemerkenswerte Reform, bevor die Strasse und die Pflasterstrasse des Lorena in Vergessenheit gerieten. Von dem Zeitpunkt an floss die gesamte Kaffee-Produktion nach Santos per Eisenbahn ab.

Zu Beginn des zwanzigsten Jahrhunderts begann das Automobil in der Gemeinde von São Paulo seinen Platz zu erobern und so war es wiederum notwendig die Küste mit dem Hochplateau zu verbinden, jetzt für die Automobile. 1913 wurde die Strasse erneuert und mit der Makadam Technik vorbereitet, um so die Benutzung durch Automobile zu ermöglichen.

Jahrhundertfeier der Unabhängigkeit – Denkmäler an der Strecke

1922 nahm der damalige Präsident Washington Luiz die Erinnerungsfeierlichkeiten zur hundertjährigen Unabhängigkeit zum Anlass um Verbesserungen an der alten Strasse machen zu lassen und verschiedene Denkmäler entlang derselben zu errichten.

Gleich zu Beginn des Gebirges am höchsten Punkt wurde das Gipfeldenkmal erbaut.

Noch am Anfang der Gefällstrecke wurde rechter Seite das Gasthaus von Paranapiacaba gebaut, das zu einem der Haltepunkte für Automobile bei der Abfahrt wurde. Das Wort Paranapiacaba bedeutet „Stelle, von welcher man das Meer sieht" und tatsächlich ist es von hier aus möglich aufs Meer zu blicken, auf die Niederung von Santos und auf das Gebirge.

Ein anderes Monument ist die Belvedere Circular, die erste Stelle, wo das Pflaster des Lorena die Strasse zum Meer kreuzt.

Während der ersten Jahre verlangten Ab- und Auffahrt den Fahrzeugen wirklich sehr viel ab und es war üblich auf halber Strecke anzuhalten. Ein Punkt, welcher bekannt wurde, war das vierte Denkmal, der „Rancho da Maioridade", die Mündigkeitshütte. Dieses Gebäude diente viele Jahre hindurch als Haltestelle, Werkstatt und Gelegenheit auszuruhen für Fahrer (und Fahrzeug).

Kurz darauf wurde das **„Padrão do Lorena"** (Muster des Lorena) errichtet, eines der schönsten Denkmäler der Strasse. Ausser die typischen blauen gut erhaltenen Kacheln mit den Abbildungen brasilianischer Geschichte darzubieten, kann man in einer Kurve erkennen, Ausser der typischen blauen, gut erhaltenen Kacheln mit den Abbildungen brasilianischer Geschichte, sieht man in einer Kurve, was eine makadamisierte Strasse war. Makadamisieren ist eine Strassenbautechnik, die ein Schotte mit Namen John Loudon McAdam im neunzehnten Jahrhundert geschaffen hatte.

Dieses Denkmal besitzt eine Säulenhalle, wo das Pflaster des Lorena ansteigt und in dieser Säulenhalle ein mit auf Blaukacheln gezeichnetem Medaillon, welches Bernardo de Lorena darstellt.

Das vorletzte Monument ist die Säulenhalle des Gebirgsfusses, fast schon in der Niederung von Santos, dicht bei Cubatão.

Schon in Cubatão selber kann man das letzte der Denkmäler finden, das Fünfhunderter Kreuz, welches sich auf die Ankunft der Portugiesen an der Küste von São Vicente bezieht und die ersten Verbindungswege vom Meer zum paulistaner Hochplateau. 1981 wurde es wegen der neuen Urbanisierung von seinem ursprünglichen Platz entfernt und an einen in der Landschaft auffälligeren Ort gesetzt. Die bemalten Blaukacheln zeigen Szenen der Kolonisierung und Katechisierung der Indianer durch die Jesuitenpater. Die Daten 1500-1922 stellen die Entdeckung Brasiliens und die Errichtung der Serie von Monumenten des Weges zum Meer gegenüber.

Zu Beginn der zwanziger Jahre des vorigen Jahrhunderts begannen sich die ersten Anzeichen des Niedergangs bemerkbar zu machen. Die Eisenbahn wies Verstopfungen auf und der Automobilverkehr auf der Fernstrasse war ziemlich begrenzt durch verschiedene Faktoren, wie Breite der Fahrbahn, Klima usw.

Um die Szenerie noch zu verschlimmern, waren São Paulo und Cubatão im Begriff sich als Industriepole zu festigen und es gab keine Infrastruktur für den Abfluss der Erzeugung nach Santos.

Anchieta, starke Regenfälle und ein neues Zeitalter

1947 wurde die erste Fahrbahn der Anchieta-Autobahn eingeweiht, gefolgt von der zweiten Fahrbahn 1953. Während der Verkehr auf der Autobahn jedesmal intensiver wurde, kam ein anderer Faktor hinzu, welcher neue Änderungen in der Verbindung zwischen der Küste von São Vicente und der Paulistaner Hochfläche brachte.

1967 verursachten starke Regenfälle eine Reihe von Bergrutschen auf der Strecke der Tamoios-Fernstrasse zwischen Sao José dos Campos und Caraguatatuba an der nördlichen Küste des Staates São Paulo. Ganz besonders die Gefällstrecke im Gebirge litt erheblichen Schaden.
Und wenn das an der Südküste geschähe und die Anchieta betroffen wäre?

Das liess den Bau der neuen Autobahn beschleunigen, die sich dann Imigrantes-Autobahn nennen würde.

1974 wurde die Nordpiste der Imigrantes-Autobahn fertig gestellt und der Bau der Südpiste wurde 2004 beendet, im selben Jahr, in welchem die Alte Strasse für den Fahrzeugverkehr gesperrt werden mußte.

Gegenwärtig ist der Komplex Anchieta-Imigrantes einer der Verkehrswege Brasiliens mit der grössten Verkehrsdichte sowohl von Personen- als auch Nutzfahrzeugen und verbindet zwei der wichtigsten brasilianischen Regionen. Völlig unvorstellbar, dass diese Gegenden einmal praktisch voneinander isoliert waren.

Überraschend ist auch, daß die vielen Fahrer so wenig über die historische Bedeutung dieser Gegend wissen.

Was ist mit der Alten Strasse zum Meer und dem Pflaster des Lorena geschehen?

Dieses Gebiet, heute unter der Pflege der Stiftung CESP (Companhia Energética de São Paulo), steht Besuchern nach vorheriger Vereinbarung offen und die Strecke ist gut geeignet für Wanderungen zwischen dem Gipfel des Gebirges und Cubatão.

Im Mai 2010 hatte ich Gelegenheit zu Fuss die Alte Strasse mit meinem Grossvater hinunter zu wandern. Eine Strasse mit hunderten an Geschichten, eine Gegend, die für unser Land einmal so wichtig war und heute noch ist. Auf dem Pflaster des Lorena zu gehen, demselben Weg, den Dom Pedro II Anfang September 1822, vor der Proklamation unserer Unabhängigkeit, gegangen war, ist ein ganz besonderes Gefühl.

Es ist die Geschichte Brasiliens, es ist unsere Geschichte!

Photos / Fotos

1. Pflaster des Lorena / Calçada do Lorena
(Photo: Zimmermann)

2. Pflaster des Lorena / Calçada do Lorena
(Photo: Acervo da FUNDAÇÃO ENERGIA E SANEAMENTO)

3. Küstengebirge mit Stausee / Serra do Mar com represa
(Photo: Acervo da FUNDAÇÃO ENERGIA E SANEAMENTO)

4. Gasthaus von Paranapiacaba / Pouso de Paranapiacaba
(Photo: Acervo da FUNDAÇÃO ENERGIA E SANEAMENTO)

5. Küstengebirge mit Alter Strasse / Serra do Mar com Estrada
(Photo: Acervo da FUNDAÇÃO ENERGIA E SANEAMENTO)

6. Küstengebirge / Serra do Mar
(Photo: Zimmermann)

7. Historische Kacheln / Azulejos antigos
(Photo: Zimmermann)

Marc Jan Peter Zimmermann

Caminhos do Mar

Entre Passado e Futuro

Marc Jan Peter Zimmermann

Marc Jan Peter Zimmermann

Índice

Introdução

Hoje em dia tornou-se algo comum e quase tediosamente cômodo descer a Serra do Mar entre o Planalto Paulista e o litoral, entre São Paulo e Santos, seja pela auto-estrada Anchieta ou pela ainda mais moderna Imigrantes.

Tornou-se algo tão comum, que sequer nos damos mais conta do desnível que acabamos de superar ao subir ou descer a Serra do Mar dentro do conforto dos nossos veículos.

Mas como era isto feito antigamente pelos índios, pelos portugueses, pelos bandeirantes? Como foi o desenvolvimento da estrada até chegar no que conhecemos hoje?

Essas são perguntas que despertaram o meu interesse desde o dia em que uma professora de faculdade contou alguns detalhes sobre a Calçada do Lorena.

Mas, para entender um pouco mais sobre esta velha Estrada, é preciso entender outras coisas e, assim, esta breve obra, que era para limitar-se apenas à Estrada, começou a incluir a história da Baixada Santista. Pouquíssimas pessoas sabem que o primeiro hospital do continente Americano (América do Norte, Central e do Sul) foi na Baixada. Poucos sabem que as primeiras eleições no nosso continente foram realizadas na mesma Baixada Santista. Quem poderia ter imaginado que naquela época o nosso país estava na dianteira e não na retaguarda nesses quesitos!

Não sou historiador e não tenho essa pretensão. Sou um apaixonado pela nossa História.

Minha intenção com este relato apenas é de resgatar e salientar, de forma simples e coloquial, um pouco mais sobre os caminhos percorridos que nos levaram a chegar onde hoje estamos.

Início – Somos "descobertos"

A prendemos na escola que a terra onde hoje é o Brasil foi "descoberta" em 1500, por Pedro Álvares Cabral. Coloco "descoberta" entre aspas, pois esta é uma visão eurocêntrica dos fatos, já que se formos ver a realidade, nossa terra já era habitada pelos povos nativos.

Surge assim, um ponto de interrogação na nossa História: Mas será que os portugueses foram mesmo os primeiros não-nativos a pisarem em nosso solo?

Existem dezenas de teorias, algumas mais realistas, outras menos. Vou me deter aqui somente aos fatos que comprovam a chegada dos portugueses. Se foram realmente eles os primeiros que aqui chegaram, isso não posso afirmar.

Cabral deixou Lisboa no início de março de 1500 com uma frota de 13 embarcações, entre naus e caravelas. Sua missão era simples: ir para a Índia, passando ao sul do continente africano, e buscar especiarias para Portugal.

Durante as primeiras semanas, a frota afastou-se do continente africano, velejando mais para oeste e avistando nosso litoral baiano pela primeira vez em 22 de abril de 1500.

E assim, surge mais um outro ponto de interrogação em meio a tais fatos.

Teria Cabral feito este desvio conscientemente (com base em relatos de outros navegantes) ou teria sido mesmo algo sem intenção (como nos ensinam alguns livros de História)?

Fato é que no dia 22 de abril de 1500, Pedro Álvares Cabral avistou pela primeira vez a nossa Costa. No dia 24 de abril recebeu, em um de seus navios, representantes indígenas (naquela época o litoral baiano era ocupado por duas nações indígenas: os Tupinambás e os Tupiniquins - ambos do grupo lingüístico tupi) e no dia 26 de abril seguiu viagem para a Índia, não sem antes organizar a celebração de uma missa. Os portugueses, ao constatarem a curiosidade dos indígenas durante a Missa, deduziram que seria fácil catequizá-los - dedução esta que viria mostrar-se equivocada.

Cabral enviou uma embarcação para Portugal, comandada por Gaspar de Lemos, com um documento escrito pelo escrivão Pero Vaz de Caminha, cujo conteúdo descrevia, sob a ótica portuguesa, nossas terras e seus habitantes.
A carta escrita pelo escrivão português, da cidade do Porto, tornou-se famosa e é quase que uma Certidão de Nascimento para o Brasil.
Mesmo contendo alguns pequenos equívocos, fica claro na carta o deslumbramento que os nativos causaram nos nossos "descobridores".

Para quem tiver interesse, a Carta de Caminha está anexada integralmente no final deste livro.

Esta carta em si já mereceria um estudo mais aprofundado, já que é fascinante observar as impressões dos portugueses com a fauna, flora e com os nativos.

Em seu caminho para as Índias, Cabral perdeu algumas embarcações, mas conseguiu voltar para Portugal, em 1501, com 5 embarcações abarrotadas de especiarias.

O interesse de Portugal ainda se concentrava nas Índias, onde se supunha mais riquezas, enquanto que a colonização da nova Terra caminhava de forma lenta.

Ilha de São Vicente — Criminosos, traição, ataques e vingança

Os primeiros relatos a respeito da Ilhas de São Vicente começam apenas dois anos após os eventos da Bahia. Em 1502, Américo Vespúcio realizou uma expedição de reconhecimento da costa brasileira. Ao passar pela ilha conhecida pelos indígenas como Goiaó (também escrita como Gohayó ou Guaiaó), os exploradores decidiram dar-lhe o nome do santo do dia, São Vicente.

A família real portuguesa pouco se interessou pela região nos anos seguintes. Durante algumas décadas, vários corsários e piratas passaram pela região em busca do pau-brasil - madeira nobre que era objeto de cobiça na época. Esta madeira era bastante abundante na Mata Atlântica, predominante nesta região.

Neste meio tempo, segundo a maioria dos historiadores, a primeira colonização não-oficial começou na região através de um dos "degredados" trazidos pela expedição de Vespúcio, que teria sido o português Cosme Fernandes, conhecido por alguns como o Bacharel de Cananéia.

Fato é que uma vila surgiu no local e estava prosperando.

Aliás, vamos fazer um parêntese. O que quer dizer degredado (uma palavra comum na época)?

Uma breve consulta ao dicionário e aprendemos que degredado é um sujeito que sofreu pena de degredo, ou seja, foi expulso ou excluído do seu país, por decreto governamental em virtude de crimes cometidos.

Fomos então colonizados por bandidos? Criminosos?

Tudo tem que ser visto dentro do contexto histórico da época.
Se por um lado os degredados eram pessoas que foram expulsas da sociedade portuguesa, por outro lado temos que entender o que era considerado crime naquela época.

As Ordenações Filipinas (leis vigentes naquele tempo em Portugal) puniam como crime qualquer ato que desagradasse à Coroa, desde o não cumprimentar o retrato do Rei, namorar uma cunhada, não freqüentar a igreja até pequenos furtos.

O que fez, então, Cosme Fernandes, o primeiro proprietário de terras na região de São Vicente, para ser expulso de Portugal? Quem era Cosme Fernandes?

Outro ponto de interrogação surge aqui, já que não se sabe ao certo muitas coisas a seu respeito. O que se sabe é que ele teria sido uma pessoa formada em Coimbra (algo de status na época), que era respeitado dentro da Corte de Dom Manuel, Rei de Portugal, até que um dia caiu em desgraça com o Rei e foi expulso. Mas, não se sabe qual foi o motivo para cair em "desgraça".

No Brasil, entretanto, Fernandes, um dos primeiros personagens de destaque da nossa região, estava fazendo a vila de São Vicente crescer e prosperar através do comércio com os indígenas.
Segundo um documento de 1526, a vila de São Vicente já contava com uma dúzia de casas, sendo uma de pedra.

Em 1531, a Coroa Real decidiu oficializar a colonização do Brasil e enviou para isso Martim Afonso de Sousa, e um de seus objetivos era assumir o poder da região, tirando o poder do degredado Fernandes, que agora estava sendo acusado de formar uma parceria com os espanhóis. Vale ressaltar que os dois personagens que fizeram esta acusação, foram premiados com terras na região.

Fernandes teria sido avisado sobre os planos de Afonso de Sousa e teria decidido deixar a Vila em direção a Cananéia, mais ao sul, incendiando a vila antes de sua saída.

Martim Afonso de Sousa fundou oficialmente a primeira cidade brasileira, São Vicente, em 22 de janeiro de 1532, sobre as ruínas do que havia sobrado da antiga vila.
Ele organizou a vila, distribuiu sesmarias (terras para uso agrícola), construiu novas edificações e partiu em 1533 para assumir a posição de capitão-mor do Mar das Índias.

Em 1534 o Rei de Portugal, D. João III, implementou as capitanias hereditárias com o objetivo de fomentar a colonização e melhorar a defesa contra os ataques de outras nações européias. A capitania de São Vicente foi doada para Martim Afonso de Sousa. "Capitania de São Vicente" foi o primeiro nome do Estado de São Paulo.

Em 1536 o Bacharel de Cananéia decidiu atacar e saquear a Vila de São Vicente e matar um dos que o teriam acusado de compactuar com os espanhóis. Este é o último relato histórico sobre Cosme Fernandes.

Aliás, o Porto de São Vicente foi palco do primeiro desastre ecológico no Brasil. A terra a beira mar foi limpa e cultivada para a construção do porto, tirando a camada protetora do solo e, a cada chuva mais forte, areia era levada para o mar, não permitindo a ancoragem das caravelas portuguesas.

Após o ataque do Bacharel de Cananéia e o assoreamento do porto, o novo administrador Brás Cubas decidiu construir um novo porto em lugar mais protegido, conhecido como Enguaguaçu.
Acredita-se, pelo fato do novo povoado ter um nome indígena, que a iniciativa teria partido de Brás Cubas, sem ter sido uma decisão oficial vinda de Portugal.

Em 1543 Brás Cubas constrói o primeiro hospital no continente americano, a Santa Casa de Misericórdia de Todos os Santos.

A vila passou então a ser conhecida como Todos os Santos e, depois.... Santos!

E assim, inicia-se o declínio da Vila de São Vicente.

Desbravando

O padrão normal das colonizações portuguesas era sempre criar uma vila na costa, fazendo-a prosperar e se desenvolver, e o centro da região, sempre passando a ser esse mais novo povoado no litoral.

Nessa região tudo poderia indicar que não seria diferente, ainda mais com o paredão de montanhas (a Serra do Mar) limitando o acesso terra adentro.

No entanto, mesmo com todas as dificuldades para se superar a subida da Serra do Mar, uma vila foi fundada no topo da Serra em 1553, Vila de Santo André da Borda do Campo. No ano seguinte, em 25 de janeiro de 1554, os padres jesuítas fundaram em uma colina de Piratininga o Colégio para a catequização dos indígenas, que marca a fundação da cidade de São Paulo.

A faixa litorânea era muito estreita por causa da Serra e contava com a presença de mangues, o que dificultava muito a agricultura. Já o planalto, apesar de poder ser usado para o plantio, era separado da costa pela Serra do Mar, tornando assim qualquer comércio praticamente impossível. A conseqüência foi que a capitania de São Vicente era uma das menos desenvolvidas e não tinha condições de competir com outras, como Pernambuco e Bahia. A região era das menos desenvolvidas do Brasil.

No século XVII, São Paulo servia de ponto de partida para as bandeiras, expedições dos bandeirantes para o interior do Brasil, enquanto a região de Santos estagnava economicamente.

Apenas no final do século XVIII, com a construção da Calçada do Lorena (caminho de pedra entre o litoral e o planalto) e melhorias em Santos e São Paulo, além da abertura dos portos, é que a região começou a florescer.

Caminhos da Serra

Os indígenas da região da atual Baixada Santista e do Planalto Paulista já usavam diversas trilhas para superar o desnível da Serra do Mar. Uma destas trilhas deve ter sido usada pelos jesuítas para chegar ao Planalto e fundar o Colégio, numa das Colinas de Piratininga.

Com o passar do tempo, surgiu um caminho principal, conhecido na época como Trilha dos Tupiniquins, a principal via entre o litoral e a vila de São Paulo de Piratininga. A trilha também era conhecida como Caminho de Paranapiacaba ou Caminho de Piaçaguera.

Este caminho iniciava-se em São Vicente, passava por uma área de mangues (atualmente Cubatão) e prosseguia subindo a Serra do Mar até a nascente do Rio Tamanduateí (atualmente Mauá) e daí ao córrego Anhangabaú na aldeia dos índios Tibiriçá em Piratininga (atual Pátio do Colégio, no centro de São Paulo).

Esta trilha passava pelo território dos índios Tamoios e não foram poucos os viajantes que foram mortos e devorados neste percurso, que levava dois dias inteiros apenas para superar a Serra.

Vou fazer um parêntese para tentar (fazer) entender, quem foram os Tamoios.

Os Tamoios nada mais eram do que uma aliança entre diversas tribos do tronco lingüístico tupi. Este grupo, liderado pelos Tupinambás, tinha entre outras nações, os Guaianazes e os Aimorés.

Ou seja, Tamoio não se refere à nenhuma nação indígena específica.

O termo Tamoio vem de "tamuya", que significa os velhos, os idosos, indicando que eram as mais antigas tribos tupis, as mais tradicionais. Esta aliança surgiu em 1560 após os ataques dos portugueses e alguns mestiços de São Vicente, que buscavam escravos para trabalharem nas plantações de cana de açúcar.

Funcionando de forma organizada, esta aliança foi por muito tempo o mais difícil adversário dos portugueses.

Seu maior líder foi o cacique Cunhambebe, que chegou até mesmo a receber o apoio dos franceses em suas batalhas contra os portugueses, tendo sitiado Bertioga e o Colégio onde, mais tarde, seria a cidade de São Paulo. O início do declínio dos Tamoios se deu com a saída dos índios Guaianazes, que se associaram aos jesuítas de São Paulo.

Voltando aos caminhos da Serra do Mar.

Em 1554 foi aberto o Caminho do Padre José de Anchieta, em substituição à Trilha dos Tupiniquins.

O caminho foi aberto por João Pires, o Gago, como pena alternativa por ter açoitado um escravo até a morte. O trajeto desde Santos era de aproximadamente 60 a 70 kms, subindo pela Serra de Paranapiacaba, a oeste do Rio Perequê, até encontrar o Rio Grande, terminando no chamado Porto Geral (colina do Colégio de Piratininga).

Em 1585, o padre Fernão Cardim, que subiu por este caminho, fez o seguinte relato:

"O caminho é cheio de tijucos, o pior que nunca vi e sempre íamos subindo e descendo serras altíssimas e passando rios e caudais de águas frigidíssimas."

Mas este caminho ainda estava longe de assumir a função de realmente ligar o litoral ao planalto de uma forma eficiente, também para o transporte comercial.

Calçada do Lorena

É neste ponto que um novo personagem entra na nossa História. Bernardo José Maria de Lorena e Silveira, quinto conde de Sarzedas, nascido em Lisboa em 1756, foi nomeado em 1786 novo capitão-geral governador da Capitania de São Paulo. Lorena assumiu o novo cargo apenas em julho de 1788.

Uma de suas primeiras decisões no novo cargo foi a de melhorar a ligação entre o litoral e o planalto. Para isto, Lorena usou os conhecimentos de um dos melhores grupos de engenheiros de Lisboa, comandados pelo Brigadeiro João da Costa Ferreira da Real Academia Militar, para projetar um novo caminho que subisse a serra, evitando passar por rios ou áreas que corressem risco de desabamento e, ao mesmo tempo, fosse mais largo.

Surgiu assim a "Calçada do Lorena", uma das maiores obras do Brasil colonial. O desafio de construir uma via "pavimentada" e vencer os 700 metros de desnível, em uma região de Mata Atlântica densa, alto índice pluviométrico e deslizamentos, era gigantesco.
As técnicas utilizadas na construção eram inéditas para o Brasil Colonial.

O traçado subia em zigue-zague e possuia canaletas para o escoamento da água, demonstrando ser uma verdadeira obra de engenharia para a época.

O trabalho foi tão bem feito que alguns trechos ainda podem ser usados hoje em dia. Ferreira foi convidado a fazer outras grandes obras no Brasil Colonial e seus trabalhos cartográficos se encontram hoje em exposição no Museu Paulista e na Biblioteca Nacional do Brasil.

A nova via foi concluída em 1792 e, além de reduzir em 20% o trajeto, possibilitou o uso de mulas para o transporte de cargas, já que era menos íngreme e, nas partes mais íngremes, possuía degraus. Foi o primeiro passo para o transporte em escala comercial da produção de açúcar das vilas do interior de São Paulo. Lorena chegou inclusive a ordenar a construção de um pasto na região de Cubatão, para poder alimentar as tropas de mulas.

Historicamente, a mais importante viagem realizada através desta via ocorreu em setembro de 1822, quando o Príncipe-Regente D. Pedro II por ela subiu em direção a São Paulo, onde viria a proclamar a Independência do Brasil, no dia 7 de setembro.

Cana, Café, Carroças, Trem e...Automóveis

Enquanto a cultura da cana entrava em decadência, a cultura do café crescia e os planos para melhorar a conexão entre o Litoral e o Planalto seguiam a todo vapor. Em 1844 foi construído o Caminho da Maioridade (em homenagem a maioridade de D. Pedro II). Este caminho permitiu o trânsito de carroças. São Paulo entrava agora definitivamente no rol das regiões que mais prosperavam no Brasil.

Com o crescimento da importância do café, houve também o crescimento das ferrovias e em 1860 começou a construção da Ferrovia Santos – Jundiaí e, assim, o transporte do café passou a ser feito principalmente pela ferrovia. Mesmo com o declínio do uso da estrada, ainda foi feita uma reforma em 1864, principalmente para alargar algumas curvas (como a famosa Curva da Morte).
A estrada passou a chamar-se Estrada do Vergueiro.
Esta foi a última reforma de destaque, antes da estrada e da Calçada do Lorena serem esquecidas. A partir daquele momento toda produção de café era escoada para Santos pela ferrovia.

No início do século XX o automóvel começou a conquistar o seu lugar na comunidade paulistana e surgiu a necessidade de se conectar novamente o litoral ao planalto, agora para os automóveis. Em 1913 a Estrada foi reformada e macadamizada, permitindo o uso de automóveis para descer a serra. Macadamizar é uma técnica de construção de estradas, criada por um escocês que se chamava John Loudon McAdam no início do século XIX.

Centenário da Independência – novos monumentos

Em 1922, aproveitando-se dos eventos comemorativos do centenário da Independência do Brasil, o então presidente Washington Luís fez novas melhorias na estrada e construiu diversos monumentos ao longo da mesma.

Logo no início da serra, no topo, foi construído o *Monumento do Pico*.

Ainda no início da descida, do lado direito, foi construído o *Pouso de Paranapiacaba*, que se tornou um dos pontos de parada dos automóveis na descida da serra. A expressão *Paranapiacaba* significa "local de onde se vê o mar" e, de fato, deste ponto é possível avistar o mar, a Baixada Santista e a serra.

Um outro monumento é o *Belvedere Circular*, no primeiro ponto onde a Calçada do Lorena cruza com a Estrada do Mar.

Durante os primeiros anos, a descida e subida da serra exigiam muito dos automóveis e era comum parar no meio do caminho. Um ponto que se tornou conhecido foi o quarto monumento, o *Rancho da Maioridade*. Este edifício serviu, por muito tempo, como parada, oficina e local onde podia-se fazer uma pausa para o motorista (e para o automóvel).

Logo em seguida foi erguido o *Padrão do Lorena*, um dos mais belos monumentos da estrada. Além de mostrar azulejos ainda intactos sobre a história brasileira, pode-se observar na curva como era uma obra macadamizada.

Neste monumento há um pórtico, por onde sobe a Calçada do Lorena e neste pórtico um medalhão pintado em azulejos retratando Bernardo de Lorena.

O penúltimo monumento é o *Pontilhão da Raiz da Serra*, já quase na Baixada Santista, próximo a Cubatão.

Já em Cubatão pode-se achar o último dos monumentos, o *Cruzeiro Quinhentista*, que faz referência à chegada dos portugueses no litoral vicentino e às primeiras vias de ligação entre o mar e o planalto paulista. Em 1981, foi retirado de seu local original devido à nova urbanização da área e colocado em lugar de maior destaque na paisagem. Os painéis de azulejos pintados retratam cenas da colonização e catequese dos índios pelos padres jesuítas. As datas 1500-1922 remontam a descoberta do Brasil e a construção da série *Monumentos do Caminho do Mar*.

No início dos anos 20 do século passado, os primeiros sinais de declínio da estrada começaram a aparecer. A ferrovia apresentava congestionamentos e o trânsito de automóveis pela

Rodovia era bastante limitado por diversos fatores, como largura da pista, clima, etc.

Para piorar ainda mais o cenário, nesta época São Paulo e Cubatão estavam começando a se consolidar como pólos industriais e não havia infra-estrutura para escoar a produção em direção a Santos.

Anchieta, fortes chuvas e uma nova Era

Em 1947 foi inaugurada a primeira pista da Rodovia Anchieta, seguida pela segunda pista em 1953. O tráfego na rodovia tornava-se cada vez mais intenso, fato este que iria causar novas mudanças na conexão entre o litoral vicentino e o Planalto Paulista.

Em 1967 fortes chuvas causaram uma série de desmoronamentos no trecho da Rodovia dos Tamoios, entre São José dos Campos e Caraguatatuba, no Litoral Norte de São Paulo. Principalmente o trecho da serra ficou bastante comprometido.
E se isso ocorresse no Litoral Sul e a Rodovia Anchieta ficasse comprometida?

A preocupação com outros prováveis desmoronamentos veio acelerar a construção da nova Rodovia, que passaria a se chamar Rodovia dos Imigrantes.

Em 1974 foi finalizada a pista norte da Rodovia dos Imigrantes e a pista sul foi finalizada em 2004, mesmo ano em que a Rodovia Caminho do Mar foi fechada para o tráfego de automóveis.

Atualmente, o Complexo Anchieta-Imigrantes é uma das vias brasileiras com maior movimento de automóveis e caminhões -

cargas e pessoas - ligando duas das mais importantes regiões brasileiras e é inimaginável pensar que estas duas regiões já estiveram praticamente isoladas uma da outra.

O que é mais chocante é que a maioria das milhares de pessoas que transitam diariamente nestas rodovias não têm conhecimento da importância desta região para a nossa história.

O que aconteceu com a Estrada Velha e a Calçada do Lorena?

Esta área, atualmente sob os cuidados da Fundação da CESP (Companhia Energética de São Paulo), está aberta para visitas agendadas e caminhadas são possíveis entre o topo da Serra e Cubatão.

Em maio de 2010 tive a oportunidade de descer, caminhando com meu avô, a Estrada Velha. Uma estrada de centenas de histórias, uma região que foi e continua sendo tão importante para o nosso país.

Pisar na Calçada do Lorena, me fez sentir, de uma certa forma, parte da nossa história, ou melhor, me trouxe a sensação de estar um pouco mais próximo de passagens decisivas, que formaram quem somos hoje.

É a história brasileira, é a nossa história!

Marc Jan Peter Zimmermann

Quellenangabe / Bibliografia

- "Macadame", http://pt.wikipedia.org/wiki/Macadame, 09.09.2010
- "São Vicente (São Paulo)",
http://pt.wikipedia.org/wiki/São_Vicente_(São_Paulo), 12.09. 2010
- "Santos", http://pt.wikipedia.org/wiki/Santos, 12.09.2010

Addendum / Anexos

- Brief von Pêro Vaz de Caminha an den portugiesischen König Dom Manuel (Originaltext auf Portugiesisch) - 1500

- Carta escrita por Pêro Vaz de Caminha para o Rei de Portugal Dom Manuel - 1500

"Senhor,

posto que o Capitão-mor desta Vossa frota, e assim os outros capitães escrevam a Vossa Alteza a notícia do achamento desta Vossa terra nova, que se agora nesta navegação achou, não deixarei de também dar disso minha conta a Vossa Alteza, assim como eu melhor puder, ainda que -- para o bem contar e falar -- o saiba pior que todos fazer!

Todavia tome Vossa Alteza minha ignorância por boa vontade, a qual bem certo creia que, para aformosentar nem afear, aqui não há de pôr mais do que aquilo que vi e me pareceu.

Da marinhagem e das singraduras do caminho não darei aqui conta a Vossa Alteza -- porque o não saberei fazer -- e os pilotos devem ter este cuidado.

E portanto, Senhor, do que hei de falar começo:

E digo quê:

A partida de Belém foi -- como Vossa Alteza sabe, segunda-feira 9 de março. E sábado, 14 do dito mês, entre as 8 e 9 horas, nos achamos entre as Canárias, mais perto da Grande Canária. E ali andamos todo aquele dia em calma, à vista delas, obra de três a quatro léguas. E domingo, 22 do dito mês, às dez horas mais ou menos, houvemos vista das ilhas de Cabo Verde, a saber da ilha de São Nicolau, segundo o dito de Pero Escolar, piloto.

Na noite seguinte à segunda-feira amanheceu, se perdeu da frota Vasco de Ataíde com a sua nau, sem haver tempo forte ou contrário para poder ser !

Fez o capitão suas diligências para o achar, em umas e outras partes. Mas... não apareceu mais !

E assim seguimos nosso caminho, por este mar de longo, até que terça-feira das Oitavas de Páscoa, que foram 21 dias de abril, topamos alguns sinais de terra, estando da dita Ilha -- segundo os pilotos diziam, obra de 660 ou 670 léguas -- os quais eram muita quantidade de ervas compridas, a que os mareantes chamam botelho, e assim mesmo outras a que dão o nome de rabo-de-asno. E quarta-feira seguinte, pela manhã, topamos aves a que chamam furabuchos.

Neste mesmo dia, a horas de véspera, houvemos vista de terra! A saber, primeiramente de um grande monte, muito alto e redondo; e de outras serras mais baixas ao sul dele; e de terra chã, com grandes arvoredos; ao qual monte alto o capitão pôs o nome de O Monte Pascoal e à terra A Terra de Vera Cruz!

Mandou lançar o prumo. Acharam vinte e cinco braças. E ao solposto umas seis léguas da terra, lançamos ancoras, em dezenove braças -- ancoragem limpa. Ali ficamo-nos toda aquela noite. E quinta-feira, pela manhã, fizemos vela e seguimos em direitura à terra, indo os navios pequenos diante -- por dezessete, dezesseis, quinze, catorze, doze, nove braças -- até meia légua da terra, onde todos lançamos ancoras, em frente da boca de um rio. E chegaríamos a esta ancoragem às dez horas, pouco mais ou menos.

E dali avistamos homens que andavam pela praia, uns sete ou oito, segundo disseram os navios pequenos que chegaram primeiro.

Então lançamos fora os batéis e esquifes. E logo vieram todos os capitães das naus a esta nau do Capitão-mor. E ali falaram. E o Capitão mandou em terra a Nicolau Coelho para ver aquele rio. E tanto que ele começou a ir-se para lá, acudiram pela praia homens aos dois e aos três, de maneira que, quando o batel chegou à boca do rio, já lá estavam dezoito ou vinte.

Pardos, nus, sem coisa alguma que lhes cobrisse suas vergonhas. Traziam arcos nas mãos, e suas setas. Vinham todos rijamente em direção ao batel. E Nicolau Coelho lhes fez sinal que pousassem os arcos. E eles os depuseram. Mas não pôde deles haver fala nem entendimento que aproveitasse, por o mar quebrar na costa. Somente arremessou-lhe um barrete vermelho e uma carapuça de linho que levava na cabeça, e um sombreiro preto. E um deles lhe arremessou um sombreiro de penas de ave, compridas, com uma copazinha de penas vermelhas e pardas, como de papagaio. E outro lhe deu um ramal grande de continhas brancas, miúdas que querem parecer de aljôfar, as quais peças creio que o Capitão manda a Vossa Alteza. E com isto se volveu às naus por ser tarde e não poder haver deles mais fala, por causa do mar.

À noite seguinte ventou tanto sueste com chuvaceiros que fez caçar as naus. E especialmente a Capitanisol-postoa. E sexta pela manhã, às oito horas, pouco mais ou menos, por conselho dos pilotos, mandou o Capitão levantar ancoras e fazer vela. E fomos de longo da costa, com os batéis e esquifes amarrados na popa, em direção norte, para ver se achávamos alguma abrigada e bom pouso, onde nós ficássemos, para tomar água e lenha. Não por nos já minguar, mas por nos prevenirmos aqui. E quando fizemos vela estariam já na praia assentados perto do rio obra de sessenta ou setenta homens que se haviam juntado ali aos poucos. Fomos ao longo, e mandou o Capitão aos navios pequenos que fossem mais chegados à terra e, se achassem pouso seguro para as naus, que amainassem.

E velejando nós pela costa, na distância de dez léguas do sítio onde tínhamos levantado ferro, acharam os ditos navios pequenos um recife com um porto dentro, muito bom e muito seguro, com uma mui larga entrada. E meteram-se dentro e amainaram. E as naus foram-se chegando, atrás deles. E um pouco antes de sol-posto amainaram também, talvez a uma légua do recife, e ancoraram a onze braças.

E estando Afonso Lopez, nosso piloto, em um daqueles navios pequenos, foi, por mandado do Capitão, por ser homem vivo e destro para isso, meter-se logo no esquife a sondar o porto dentro. E tomou dois daqueles homens da terra que estavam numa almadia: mancebos e de bons corpos. Um deles trazia um arco, e seis ou sete setas. E na praia andavam muitos com seus arcos e setas; mas não os aproveitou. Logo, já de noite, levou-os à Capitaina, onde foram recebidos com muito prazer e festa.

A feição deles é serem pardos, um tanto avermelhados, de bons rostos e bons narizes, bem feitos. Andam nus, sem cobertura alguma. Nem fazem mais caso de encobrir ou deixa de encobrir suas vergonhas do que de mostrar a cara. Acerca disso são de grande inocência. Ambos traziam o beiço de baixo furado e metido nele um osso verdadeiro, de comprimento de uma mão travessa, e da grossura de um fuso de algodão, agudo na ponta como um furador. Metem-nos pela parte de dentro do beiço; e a parte que lhes fica entre o beiço e os dentes é feita a modo de roque de xadrez. E trazem-no ali encaixado de sorte que não os magoa, nem lhes põe estorvo no falar, nem no comer e beber.

Os cabelos deles são corredios. E andavam tosquiados, de tosquia alta antes do que sobre-pente, de boa grandeza, rapados todavia por cima das orelhas. E um deles trazia por baixo da solapa, de fonte a fonte, na parte detrás, uma espécie de cabeleira, de penas de ave amarela, que seria do comprimento de um coto, mui basta e mui cerrada, que lhe cobria o toutiço e as orelhas. E andava pegada aos cabelos, pena por pena, com uma confeição branda como, de maneira tal que a cabeleira era mui redonda e mui basta, e mui igual, e não fazia míngua mais lavagem para a levantar.

O Capitão, quando eles vieram, estava sentado em uma cadeira, aos pés uma alcatifa por estrado; e bem vestido, com um colar de ouro, mui grande, ao pescoço. E Sancho de Tovar, e Simão de Miranda, e Nicolau Coelho, e Aires Corrêa, e nós outros que aqui na nau com ele íamos, sentados no chão, nessa alcatifa. Acenderam-se tochas. E eles entraram. Mas nem sinal de cortesia fizeram, nem de falar ao Capitão; nem a alguém. Todavia um deles fitou o colar do Capitão, e começou a fazer acenos com a mão em direção à terra, e depois para o colar, como se quisesse dizer-nos que havia ouro na terra. E também olhou para um castiçal de prata e assim mesmo acenava para a terra e novamente para o castiçal, como se lá também houvesse prata!

Mostraram-lhes um papagaio pardo que o Capitão traz consigo; tomaram-no logo na mão e acenaram para a terra, como se os houvesse ali.

Mostraram-lhes um carneiro; não fizeram caso dele.

Mostraram-lhes uma galinha; quase tiveram medo dela, e não lhe queriam pôr a mão. Depois lhe pegaram, mas como espantados.

Deram-lhes ali de comer: pão e peixe cozido, confeitos, fartéis, mel, figos passados. Não quiseram comer daquilo quase nada; e se provavam alguma coisa, logo a lançavam fora.

Trouxeram-lhes vinho em uma taça; mal lhe puseram a boca; não gostaram dele nada, nem quiseram mais.

Trouxeram-lhes água em uma albarrada, provaram cada um o seu bochecho, mas não beberam; apenas lavaram as bocas e lançaram-na fora.

Viu um deles umas contas de rosário, brancas; fez sinal que lhas dessem, e folgou muito com elas, e lançou-as ao pescoço; e depois tirou-as e meteu-as em volta do braço, e acenava para a terra e novamente para as contas e para o colar do Capitão, como se dariam ouro por aquilo.

Isto tomávamos nós nesse sentido, por assim o desejarmos! Mas se ele queria dizer que levaria as contas e mais o colar, isto não queríamos nós entender, por que lho não havíamos de dar! E depois tornou as contas a quem lhas dera. E então estiraram-se de costas na alcatifa, a dormir sem procurarem maneiras de encobrir suas vergonhas, as quais não eram fanadas; e as cabeleiras delas estavam bem rapadas e feitas.

O Capitão mandou pôr por baixo da cabeça de cada um seu coxim; e o da cabeleira esforçava-se por não a estragar. E deitaram um manto por cima deles; e consentindo, aconchegaram-se e adormeceram.

Sábado pela manhã mandou o Capitão fazer vela, fomos demandar a entrada, a qual era mui larga e tinha seis a sete braças de fundo. E entraram todas as naus dentro, e ancoraram em cinco ou seis braças -- ancoradouro que é tão grande e tão formoso de dentro, e tão seguro que podem ficar nele mais de duzentos navios e naus. E tanto que as naus foram distribuídas e ancoradas, vieram os capitães todos a esta nau do Capitão-mor. E daqui mandou o Capitão que Nicolau Coelho e Bartolomeu Dias fossem em terra e levassem aqueles dois homens, e os deixassem ir com seu arco e setas, aos quais mandou dar a cada um uma camisa nova e uma carapuça vermelha e um rosário de contas brancas de osso, que foram levando nos braços, e um cascavel e uma campainha. E mandou com eles, para lá ficar, um mancebo degredado, criado de dom João Telo, de nome Afonso Ribeiro, para lá andar com eles e saber de seu viver e maneiras. E a mim mandou que fosse com

Nicolau Coelho. Fomos assim de frecha direitos à praia. Ali acudiram logo perto de duzentos homens, todos nus, com arcos e setas nas mãos. Aqueles que nós levamos acenaram-lhes que se afastassem e depusessem os arcos. E eles os depuseram. Mas não se afastaram muito. E mal tinham pousado seus arcos quando saíram os que nós levávamos, e o mancebo degredado com eles. E saídos não pararam mais; nem esperavam um pelo outro, mas antes corriam a quem mais correria. E passaram um rio que aí corre, de água doce, de muita água que lhes dava pela braga. E muitos outros com eles. E foram assim correndo para além do rio entre umas moitas de palmeiras onde estavam outros. E ali pararam. E naquilo tinha ido o degredado com um homem que, logo ao sair do batel, o agasalhou e levou até lá. Mas logo o tornaram a nós. E com ele vieram os outros que nós leváramos, os quais vinham já nus e sem carapuças.

E então se começaram de chegar muitos; e entravam pela beira do mar para os batéis, até que mais não podiam. E traziam cabaças d'água, e tomavam alguns barris que nós levávamos e enchiam-nos de água e traziam-nos aos batéis. Não que eles de todo chegassem a bordo do batel. Mas junto a ele, lançavam-nos da mão. E nós tomávamo-los. E pediam que lhes dessem alguma coisa.

Levava Nicolau Coelho cascavéis e manilhas. E a uns dava um cascavel, e a outros uma manilha, de maneira que com aquela encarna quase que nos queriam dar a mão. Davam-nos daqueles arcos e setas em troca de sombreiros e carapuças de linho, e de qualquer coisa que a gente lhes queria dar.

Dali se partiram os outros, dois mancebos, que não os vimos mais.

Dos que ali andavam, muitos -- quase a maior parte --traziam aqueles bicos de osso nos beiços.

Marc Jan Peter Zimmermann

E alguns, que andavam sem eles, traziam os beiços furados e nos buracos traziam uns espelhos de pau, que pareciam espelhos de borracha. E alguns deles traziam três daqueles bicos, a saber um no meio, e os dois nos cabos.

E andavam lá outros, quartejados de cores, a saber metade deles da sua própria cor, e metade de tintura preta, um tanto azulada; e outros quartejados d'escaques.

Ali andavam entre eles três ou quatro moças, bem novinhas e gentis, com cabelos muito pretos e compridos pelas costas; e suas vergonhas, tão altas e tão cerradinhas e tão limpas das cabeleiras que, de as nós muito bem olharmos, não se envergonhavam.

Ali por então não houve mais fala ou entendimento com eles, por a barbaria deles ser tamanha que se não entendia nem ouvia ninguém. Acenamos-lhes que se fossem. E assim o fizeram e passaram-se para além do rio. E saíram três ou quatro homens nossos dos batéis, e encheram não sei quantos barris d'água que nós levávamos. E tornamo-nos às naus. E quando assim vínhamos, acenaram-nos que voltássemos. Voltamos, e eles mandaram o degredado e não quiseram que ficasse lá com eles, o qual levava uma bacia pequena e duas ou três carapuças vermelhas para lá as dar ao senhor, se o lá houvesse. Não trataram de lhe tirar coisa alguma, antes mandaram-no com tudo. Mas então Bartolomeu Dias o fez outra vez tornar, que lhe desse aquilo. E ele tornou e deu aquilo, em vista de nós, a aquele que o da primeira agasalhara. E então veio-se, e nós levamo-lo.

Esse que o agasalhou era já de idade, e andava por galanteria, cheio de penas, pegadas pelo corpo, que parecia seteado como São Sebastião. Outros traziam carapuças de penas amarelas; e outros, de vermelhas; e outros de verdes. E uma daquelas moças era toda tingida de baixo a cima, daquela tintura e certo era tão bem feita e tão redonda, e sua vergonha tão graciosa que a muitas mulheres de nossa terra, vendo-lhe tais feições envergonhara, por não terem as suas como ela. Nenhum deles era fanado, mas todos assim como nós.

E com isto nos tornamos, e eles foram-se.

À tarde saiu o Capitão-mor em seu batel com todos nós outros capitães das naus em seus batéis a folgar pela baía, perto da praia. Mas ninguém saiu em terra, por o Capitão o não querer, apesar de ninguém estar nela. Apenas saiu -- ele com todos nós -- em um ilhéu grande que está na baía, o qual, aquando baixamar, fica mui vazio. Com tudo está de todas as partes cercado de água, de sorte que ninguém lá pode ir, a não ser de barco ou a nado. Ali folgou ele, e todos nós, bem uma hora e meia. E pescaram lá, andando alguns marinheiros com um chinchorro; e mataram peixe miúdo, não muito. E depois volvemo-nos às naus, já bem noite.

Ao domingo de Pascoela pela manhã, determinou o Capitão ir ouvir missa e sermão naquele ilhéu. E mandou a todos os capitães que se arranjassem nos batéis e fossem com ele. E assim foi feito. Mandou armar um pavilhão naquele ilhéu, e dentro levantar um altar mui bem arranjado. E ali com todos nós outros fez dizer missa, a qual disse o padre frei Henrique, em voz entoada, e oficiada com aquela mesma voz pelos outros padres e sacerdotes que todos assistiram, a qual missa, segundo meu parecer, foi ouvida por todos com muito prazer e devoção.

Ali estava com o Capitão a bandeira de Cristo, com que saíra de Belém, a qual esteve sempre bem alta, da parte do Evangelho.

Acabada a missa, desvestiu-se o padre e subiu a uma cadeira alta; e nós todos lançados por essa areia. E pregou uma solene e proveitosa pregação, da história evangélica; e no fim tratou da nossa vida, e do achamento desta terra, referindo-se à Cruz, sob cuja obediência viemos, que veio muito a propósito, e fez muita devoção.

Enquanto assistimos à missa e ao sermão, estaria na praia outra tanta gente, pouco mais ou menos, como a de ontem, com seus arcos e setas, e andava folgando. E olhando-nos, sentaram. E depois de acabada a missa, quando nós sentados atendíamos a pregação, levantaram-se muitos deles e tangeram corno ou buzina e começaram a saltar e dançar um pedaço. E alguns deles se metiam em almadias -- duas ou três que lá tinham -- as quais não são feitas como as que eu vi; apenas são três traves, atadas juntas. E ali se metiam quatro ou cinco, ou esses que queriam, não se afastando quase nada da terra, só até onde podiam tomar pé.

Acabada a pregação encaminhou-se o Capitão, com todos nós, para os batéis, com nossa bandeira alta. Embarcamos e fomos indo todos em direção à terra para passarmos ao longo por onde eles estavam, indo na dianteira, por ordem do Capitão, Bartolomeu Dias em seu esquife, com um pau de uma almadia que lhes o mar levara, para o entregar a eles. E nós todos trás dele, a distância de um tiro de pedra.

Como viram o esquife de Bartolomeu Dias, chegaram-se logo todos à água, metendo-se nela até onde mais podiam. Acenaram-lhes que pousassem os arcos e muitos deles os iam logo pôr em terra; e outros não os punham.

Andava lá um que falava muito aos outros, que se afastassem. Mas não já que a mim me parecesse que lhe tinham respeito ou medo. Este que os assim andava afastando trazia seu arco e setas. Estava tinto de tintura vermelha pelos peitos e costas e pelos quadris, coxas e pernas até baixo, mas os vazios com a barriga e estômago eram de sua própria cor. E a tintura era tão vermelha que a água lha não comia nem desfazia. Antes, quando saía da água, era mais vermelho. Saiu um homem do esquife de Bartolomeu Dias e andava no meio deles, sem implicarem nada com ele, e muito menos ainda pensavam em fazer-lhe mal. Apenas lhe davam cabaças d'água; e acenavam aos do esquife que saíssem em terra. Com isto se volveu Bartolomeu Dias ao Capitão. E viemo-nos às naus, a comer, tangendo trombetas e gaitas, sem os mais constranger. E eles tornaram-se a sentar na praia, e assim por então ficaram.

Neste ilhéu, onde fomos ouvir missa e sermão, espraia muito a água e descobre muita areia e muito cascalho. Enquanto lá estávamos foram alguns buscar marisco e não no acharam. Mas acharam alguns camarões grossos e curtos, entre os quais vinha um muito grande e muito grosso; que em nenhum tempo o vi tamanho. Também acharam cascas de berbigões e de amêijoas, mas não toparam com nenhuma peça inteira. E depois de termos comido vieram logo todos os capitães a esta nau, por ordem do Capitão-mor, com os quais ele se aportou; e eu na companhia. E perguntou a todos se nos parecia bem mandar a nova do achamento desta terra a Vossa Alteza pelo navio dos mantimentos, para a melhor mandar descobrir e saber dela mais do que nós podíamos saber, por irmos na nossa viagem.

E entre muitas falas que sobre o caso se fizeram foi dito, por todos ou a maior parte, que seria muito bem. E nisto concordaram. E logo que a resolução foi tomada, perguntou mais, se seria bem tomar aqui por força um par destes homens para os mandar a Vossa Alteza, deixando aqui em lugar deles outros dois destes degredados.

E concordaram em que não era necessário tomar por força homens, porque costume era dos que assim à força levavam para alguma parte dizerem que há de tudo quanto lhes perguntam; e que melhor e muito melhor informação da terra dariam dois homens desses degredados que aqui deixássemos do que eles dariam se os levassem por ser gente que ninguém entende. Nem eles cedo aprenderiam a falar para o saberem tão bem dizer que muito melhor estoutros o não digam quando cá Vossa Alteza mandar.

E que portanto não cuidássemos de aqui por força tomar ninguém, nem fazer escândalo; mas sim, para os de todo amansar e apaziguar, unicamente de deixar aqui os dois degredados quando daqui partíssemos.

E assim ficou determinado por parecer melhor a todos.

Acabado isto, disse o Capitão que fôssemos nos batéis em terra. E ver-se-ia bem, quejando era o rio. Mas também para folgarmos.

Fomos todos nos batéis em terra, armados; e a bandeira conosco. Eles andavam ali na praia, à boca do rio, para onde nós íamos; e, antes que chegássemos, pelo ensino que dantes tinham, puseram todos os arcos, e acenaram que saíssemos. Mas, tanto que os batéis puseram as proas em terra, passaram-se logo todos além do rio, o qual não é mais ancho que um jogo de mancal. E tanto que desembarcamos, alguns dos nossos passaram logo o rio, e meteram-se entre eles. E alguns aguardavam; e outros se afastavam. Com tudo, a coisa era de maneira que todos andavam misturados. Eles davam desses arcos com suas setas por sombreiros e carapuças de linho, e por qualquer coisa que lhes davam. Passaram além tantos dos nossos e andaram assim misturados com eles, que eles se esquivavam, e afastavam-se; e iam alguns para cima, onde outros estavam. E então o Capitão fez que o tomassem ao colo dois homens e passou o rio, e fez tornar a todos. A gente que ali estava não seria mais que aquela do costume. Mas logo que o Capitão chamou todos para trás, alguns se chegaram a ele, não por o reconhecerem por Senhor, mas porque a gente, nossa, já passava para aquém do rio. Ali falavam e traziam muitos arcos e continhas, daquelas já ditas, e resgatavam-nas por qualquer coisa, de tal maneira que os nossos levavam dali para as naus muitos arcos, e setas e contas.

E então tornou-se o Capitão para aquém do rio. E logo acudiram muitos à beira dele.

Ali veríeis galantes, pintados de preto e vermelho, e quartejados, assim pelos corpos como pelas pernas, que, certo, assim pareciam bem. Também andavam entre eles quatro ou cinco mulheres, novas, que assim nuas, não pareciam mal. Entre elas andava uma, com uma coxa, do joelho até o quadril e a nádega, toda tingida daquela tintura preta; e todo o resto da sua cor natural. Outra trazia ambos os joelhos com as curvas assim tintas, e também os colos dos pés; e suas vergonhas tão nuas, e com tanta inocência assim descobertas, que não havia nisso desvergonha nenhuma.

Também andava lá outra mulher, nova, com um menino ou menina, atado com um pano aos peitos, de modo que não se lhe viam senão as perninhas. Mas nas pernas da mãe, e no resto, não havia pano algum.

Em seguida o Capitão foi subindo ao longo do rio, que corre rente à praia. E ali esperou por um velho que trazia na mão uma pá de almadia. Falou, enquanto o Capitão estava com ele, na presença de todos nós; mas ninguém o entendia, nem ele a nós, por mais coisas que a gente lhe perguntava com respeito a ouro, porque desejávamos saber se o havia na terra.

Trazia este velho o beiço tão furado que lhe cabia pelo buraco um grosso dedo polegar. E trazia metido no buraco uma pedra verde, de nenhum valor, que fechava por fora aquele buraco. E o Capitão lha fez tirar. E ele não sei que diabo falava e ia com ela para a boca do Capitão para lha meter. Estivemos rindo um pouco e dizendo chalaças sobre isso. E então enfadou-se o Capitão, e deixou-o. E um dos nossos deu-lhe pela pedra um sombreiro velho; não por ela valer alguma coisa, mas para amostra. E depois houve-a o Capitão, creio, para mandar com as outras coisas a Vossa Alteza.

Andamos por aí vendo o ribeiro, o qual é de muita água e muito boa. Ao longo dele há muitas palmeiras, não muito altas; e muito bons palmitos. Colhemos e comemos muitos deles.

Depois tornou-se o Capitão para baixo para a boca do rio, onde tínhamos desembarcado.

E além do rio andavam muitos deles dançando e folgando, uns diante os outros, sem se tomarem pelas mãos. E faziam-no bem. Passou-se então para a outra banda do rio Diogo Dias, que fora almoxarife de Sacavém, o qual é homem gracioso e de prazer. E levou consigo um gaiteiro nosso com sua gaita. E meteu-se a dançar com eles, tomando-os pelas mãos; e eles folgavam e riam e andavam com ele muito bem ao som da gaita. Depois de dançarem fez ali muitas voltas ligeiras, andando no chão, e salto real, de que se eles espantavam e riam e folgavam muito. E conquanto com aquilo os segurou e afagou muito, tomavam logo uma esquiveza como de animais monteses, e foram-se para cima.

E então passou o rio o Capitão com todos nós, e fomos pela praia, de longo, ao passo que os batéis iam rentes à terra. E chegamos a uma grande lagoa de água doce que está perto da praia, porque toda aquela ribeira do mar é apaulada por cima e sai a água por muitos lugares.

E depois de passarmos o rio, foram uns sete ou oito deles meter-se entre os marinheiros que se recolhiam aos batéis. E levaram dali um tubarão que Bartolomeu Dias matou. E levavam-lho; e lançou-o na praia.

Bastará que até aqui, como quer que se lhes em alguma parte amansassem, logo de uma mão para outra se esquivavam, como pardais do cevadouro. Ninguém não lhes ousa falar de rijo para não se esquivarem mais. E tudo se passa como eles querem -- para os bem amansarmos !

Ao velho com quem o Capitão havia falado, deu-lhe uma carapuça vermelha. E com toda a conversa que com ele houve, e com a carapuça que lhe deu tanto que se despediu e começou a passar o rio, foi-se logo recatando. E não quis mais tornar do rio para aquém. Os outros dois o Capitão teve nas naus, aos quais deu o que já ficou dito, nunca mais aqui apareceram -- fatos de que deduzo que é gente bestial e de pouco saber, e por isso tão esquiva. Mas apesar de tudo isso andam bem curados, e muito limpos. E naquilo ainda mais me convenço que são como aves, ou alimárias montesinhas, as quais o ar faz melhores penas e melhor cabelo que às mansas, porque os seus corpos são tão limpos e tão gordos e tão formosos que não pode ser mais! E isto me faz presumir que não tem casas nem moradias em que se recolham; e o ar em que se criam os faz tais. Nós pelo menos não vimos até agora nenhumas casas, nem coisa que se pareça com elas.

Mandou o Capitão aquele degredado, Afonso Ribeiro, que se fosse outra vez com eles. E foi; e andou lá um bom pedaço, mas a tarde regressou, que o fizeram eles vir: e não o quiseram lá consentir. E deram-lhe arcos e setas; e não lhe tomaram nada do seu. Antes, disse ele, que lhe tomara um deles umas continhas amarelas que levava e fugia com elas, e ele se queixou e os outros foram logo após ele, e lhas tomaram e tornaram-lhas a dar; e então mandaram-no vir. Disse que não vira lá entre eles senão umas choupaninhas de rama verde e de feteiras muito grandes, como as de Entre-Douro-e-Minho. E assim nos tornamos às naus, já quase noite, a dormir.

Segunda-feira, depois de comer, saímos todos em terra a tomar água. Ali vieram então muitos; mas não tantos como as outras vezes. E traziam já muito poucos arcos. E estiveram um pouco afastados de nós; mas depois pouco a pouco misturaram-se conosco; e abraçavam-nos e folgavam; mas alguns deles se esquivavam logo. Ali davam alguns arcos por folhas de papel e por alguma carapucinha velha e por qualquer coisa. E de tal maneira se passou a coisa que bem vinte ou trinta pessoas das nossas se foram com eles para onde outros muitos deles estavam com moças e mulheres. E trouxeram de lá muitos arcos e barretes de penas de aves, uns verdes, outros amarelos, dos quais creio que o Capitão há de mandar uma amostra a Vossa Alteza.

E segundo diziam esses que lá tinham ido, brincaram com eles. Neste dia os vimos mais de perto e mais à nossa vontade, por andarmos quase todos misturados: uns andavam quartejados daquelas tinturas, outros de metades, outros de tanta feição como em pano de ras, e todos com os beiços furados, muitos com os ossos neles, e bastantes sem ossos. Alguns traziam uns ouriços verdes, de árvores, que na cor queriam parecer de castanheiras, embora fossem muito mais pequenos. E estavam cheios de uns grãos vermelhos, pequeninos que, esmagando-se entre os dedos, se desfaziam na tinta muito vermelha de que andavam tingidos. E quanto mais se molhavam, tanto mais vermelhos ficavam.

Todos andam rapados até por cima das orelhas; assim mesmo de sobrancelhas e pestanas.

Trazem todos as testas, de fonte a fonte, tintas de tintura preta, que parece uma fita preta da largura de dois dedos.

E o Capitão mandou aquele degredado Afonso Ribeiro e a outros dois degredados que fossem meter-se entre eles; e assim mesmo a Diogo Dias, por ser homem alegre, com que eles folgavam. E aos degredados ordenou que ficassem lá esta noite.

Foram-se lá todos; e andaram entre eles. E segundo depois diziam, foram bem uma légua e meia a uma povoação, em que haveria nove ou dez casas, as quais diziam que eram tão compridas, cada uma, como esta nau capitaina. E eram de madeira, e das ilhargas de tábuas, e cobertas de palha, de razoável altura; e todas de um só espaço, sem repartição alguma, tinham de dentro muitos esteios; e de esteio a esteio uma rede atada com cabos em cada esteio, altas, em que dormiam. E de baixo, para se aquentarem, faziam seus fogos. E tinha cada casa duas portas pequenas, uma numa extremidade, e outra na oposta. E diziam que em cada casa se recolhiam trinta ou quarenta pessoas, e que assim os encontraram; e que lhes deram de comer dos alimentos que tinham, a saber muito inhame, e outras sementes que na terra dá, que eles comem. E como se fazia tarde fizeram-nos logo todos tornar; e não quiseram que lá ficasse nenhum. E ainda, segundo diziam, queriam vir com eles. Resgataram lá por cascavéis e outras coisinhas de pouco valor, que levavam, papagaios vermelhos, muito grandes e formosos, e dois verdes pequeninos, e carapuças de penas verdes, e um pano de penas de muitas cores, espécie de tecido assaz belo, segundo Vossa Alteza todas estas coisas verá, porque o Capitão vô-las há de mandar, segundo ele disse. E com isto vieram; e nós tornamo-nos às naus.

Terça-feira, depois de comer, fomos em terra, fazer lenha, e para lavar roupa. Estavam na praia, quando chegamos, uns sessenta ou setenta, sem arcos e sem nada. Tanto que chegamos, vieram logo para nós, sem se esquivarem. E depois acudiram muitos, que seriam bem duzentos, todos sem arcos. E misturaram-se todos tanto conosco que uns nos ajudavam a acarretar lenha e metê-las nos batéis. E lutavam com os nossos, e tomavam com prazer. E enquanto fazíamos a lenha, construíam dois carpinteiros uma grande cruz de um pau que se ontem para isso cortara. Muitos deles vinham ali estar com os carpinteiros. E creio que o faziam mais para verem a ferramenta de ferro com que a faziam do que para verem a cruz, porque eles não tem coisa que de ferro seja, e cortam sua madeira e paus com pedras feitas como cunhas, metidas em um pau entre duas talas, mui bem atadas e por tal maneira que andam fortes, porque lhas viram lá. Era já a conversação deles conosco tanta que quase nos estorvavam no que havíamos de fazer.

E o Capitão mandou a dois degredados e a Diogo Dias que fossem lá à aldeia e que de modo algum viessem a dormir às naus, ainda que os mandassem embora. E assim se foram.

Enquanto andávamos nessa mata a cortar lenha, atravessavam alguns papagaios essas árvores; verdes uns, e pardos, outros, grandes e pequenos, de sorte que me parece que haverá muitos nesta terra. Todavia os que vi não seriam mais que nove ou dez, quando muito. Outras aves não vimos então, a não ser algumas pombas-seixeiras, e pareceram-me maiores bastante do que as de Portugal. Vários diziam que viram rolas, mas eu não as vi. Todavia segundo os arvoredos são mui muitos e grandes, e de infinitas espécies, não duvido que por esse sertão haja muitas aves!

E cerca da noite nós volvemos para as naus com nossa lenha.

Eu creio, Senhor, que não dei ainda conta aqui a Vossa Alteza do feitio de seus arcos e setas. Os arcos são pretos e compridos, e as setas compridas; e os ferros delas são canas aparadas, conforme Vossa Alteza verá alguns que creio que o Capitão a Ela há de enviar.

Quarta-feira não fomos em terra, porque o Capitão andou todo o dia no navio dos mantimentos a despejá-lo e fazer levar às naus isso que cada um podia levar. Eles acudiram à praia, muitos, segundo das naus vimos. Seriam perto de trezentos, segundo Sancho de Tovar que para lá foi. Diogo Dias e Afonso Ribeiro, o degredado, aos quais o Capitão ontem ordenara que de toda maneira lá dormissem, tinham voltado já de noite, por eles não quererem que lá ficassem. E traziam papagaios verdes; e outras aves pretas, quase como pegas, com a diferença de terem o bico branco e rabos curtos. E quando Sancho de Tovar recolheu à nau, queriam vir com ele, alguns; mas ele não admitiu senão dois mancebos, bem dispostos e homens de prol. Mandou pensar e curá-los mui bem essa noite. E comeram toda a ração que lhes deram, e mandou dar-lhes cama de lençóis, segundo ele disse. E dormiram e folgaram aquela noite. E não houve mais este dia que para escrever seja.

Quinta-feira, derradeiro de abril, comemos logo, quase pela manhã, e fomos em terra por mais lenha e água. E em querendo o Capitão sair desta nau, chegou Sancho de Tovar com seus dois hóspedes. E por ele ainda não ter comido, puseram-lhe toalhas, e veio-lhe comida. E comeu. Os hóspedes, sentaram-no cada um em sua cadeira. E de tudo quanto lhes deram, comeram mui bem, especialmente lacão cozido frio, e arroz. Não lhes deram vinho por Sancho de Tovar dizer que o não bebiam bem.

Acabado o comer, metemo-nos todos no batel, e eles conosco. Deu um grumete a um deles uma armadura grande de porco montês, bem revolta. E logo que a tomou meteu-a no beiço; e porque se lhe não queria segurar, deram-lhe uma pouca de cera vermelha. E ele ajeitou-lhe seu adereço da parte de trás de sorte que segurasse, e meteu-a no beiço, assim revolta para cima; e ia tão contente com ela, como se tivesse uma grande jóia. E tanto que saímos em terra, foi-se logo com ela. E não tornou a aparecer lá.

Andariam na praia, quando saímos, oito ou dez deles; e de aí a pouco começaram a vir. E parece-me que viriam este dia a praia quatrocentos ou quatrocentos e cinqüenta. Alguns deles traziam arcos e setas; e deram tudo em troca de carapuças e por qualquer coisa que lhes davam. Comiam conosco do que lhes dávamos, e alguns deles bebiam vinho, ao passo que outros o não podiam beber. Mas quer-me parecer que, se os acostumarem, o hão de beber de boa vontade! Andavam todos tão bem dispostos e tão bem feitos e galantes com suas pinturas que agradavam. Acarretavam dessa lenha quanta podiam, com mil boas vontades, e levavam-na aos batéis. E estavam já mais mansos e seguros entre nós do que nós estávamos entre eles.

Foi o Capitão com alguns de nós um pedaço por este arvoredo até um ribeiro grande, e de muita água, que ao nosso parecer é o mesmo que vem ter à praia, em que nós tomamos água. Ali descansamos um pedaço, bebendo e folgando, ao longo dele, entre esse arvoredo que é tanto e tamanho e tão basto e de tanta qualidade de folhagem que não se pode calcular. Há lá muitas palmeiras, de que colhemos muitos e bons palmitos.

Ao sairmos do batel, disse o Capitão que seria bom irmos em direitura à cruz que estava encostada a uma árvore, junto ao rio, a fim de ser colocada amanhã, sexta-feira, e que nos puséssemos todos de joelhos e a beijássemos para eles verem o acatamento que lhe tínhamos. E assim fizemos. E a esses dez ou doze que lá estavam, acenaram-lhes que fizessem o mesmo; e logo foram todos beijá-la.

Parece-me gente de tal inocência que, se nós entendêssemos a sua fala e eles a nossa, seriam logo cristãos, visto que não têm nem entendem crença alguma, segundo as aparências. E portanto se os degredados que aqui hão de ficar aprenderem bem a sua fala e os entenderem, não duvido que eles, segundo a santa tenção de Vossa Alteza, se farão cristãos e hão de crer na nossa santa fé, à qual praza a Nosso Senhor que os traga, porque certamente esta gente é boa e de bela simplicidade. E imprimir-se-á facilmente neles qualquer cunho que lhe quiserem dar, uma vez que Nosso Senhor lhes deu bons corpos e bons rostos, como a homens bons. E o Ele nos para aqui trazer creio que não foi sem causa. E portanto Vossa Alteza, pois tanto deseja acrescentar a santa fé católica, deve cuidar da salvação deles. E prazerá a Deus que com pouco trabalho seja assim!

Eles não lavram nem criam. Nem há aqui boi ou vaca, cabra, ovelha ou galinha, ou qualquer outro animal que esteja acostumado ao viver do homem. E não comem senão deste inhame, de que aqui há muito, e dessas sementes e frutos que a terra e as árvores de si deitam. E com isto andam tais e tão rijos e tão nédios que o não somos nós tanto, com quanto trigo e legumes comemos.

Nesse dia, enquanto ali andavam, dançaram e bailaram sempre com os nossos, ao som de um tamboril nosso, como se fossem mais amigos nossos do que nós seus. Se lhes a gente acenava, se queriam vir às naus, aprontavam-se logo para isso, de modo tal, que se os convidáramos a todos, todos vieram. Porém não levamos esta noite às naus senão quatro ou cinco; a saber, o Capitão-mor, dois; e Simão de Miranda, um que já trazia por pajem; e Aires Gomes a outro, pajem também. Os que o Capitão trazia, era um deles um dos seus hóspedes que lhe haviam trazido a primeira vez quando aqui chegamos -- o qual veio hoje aqui vestido na sua camisa, e com ele um seu irmão; e foram esta noite mui bem agasalhados tanto de comida como de cama, de colchões e lençóis, para os mais amansar.

E hoje que é sexta-feira, primeiro dia de maio, pela manhã, saímos em terra com nossa bandeira; e fomos desembarcar acima do rio, contra o sul onde nos pareceu que seria melhor arvorar a cruz, para melhor ser vista. E ali marcou o Capitão o sítio onde haviam de fazer a cova para a fincar. E enquanto a iam abrindo, ele com todos nós outros fomos pela cruz, rio abaixo onde ela estava. E com os religiosos e sacerdotes que cantavam, à frente, fomos trazendo-a dali, a modo de procissão. Eram já aí quantidade deles, uns setenta ou oitenta; e quando nos assim viram chegar, alguns se foram meter debaixo dela, ajudar-nos. Passamos o rio, ao longo da praia; e fomos colocá-la onde havia de ficar, que será obra de dois tiros de besta do rio. Andando-se ali nisto, viriam bem cento cinqüenta, ou mais. Plantada a cruz, com as armas e a divisa de Vossa Alteza, que primeiro lhe haviam pregado, armaram altar ao pé dela. Ali disse missa o padre frei Henrique, a qual foi cantada e oficiada por esses já ditos. Ali estiveram conosco, a ela, perto de cinqüenta ou sessenta deles, assentados todos de joelho assim como nós. E quando se veio ao Evangelho, que nos erguemos todos em pé, com as mãos levantadas, eles se levantaram conosco, e alçaram as mãos, estando assim até se chegar ao fim; e então tornaram-se a assentar, como nós. E quando levantaram a Deus, que nos pusemos de joelhos, eles se puseram assim como nós estávamos, com as mãos levantadas, e em tal maneira sossegados que certifico a Vossa Alteza que nos fez muita devoção.

Estiveram assim conosco até acabada a comunhão; e depois da comunhão, comungaram esses religiosos e sacerdotes; e o Capitão com alguns de nós outros. E alguns deles, por o Sol ser grande, levantaram-se enquanto estávamos comungando, e outros estiveram e ficaram. Um deles, homem de cinqüenta ou cinqüenta e cinco anos, se conservou ali com aqueles que ficaram. Esse, enquanto assim estávamos, juntava aqueles que ali tinham ficado, e ainda chamava outros. E andando assim entre eles, falando-lhes, acenou com o dedo para o altar, e depois mostrou com o dedo para o céu, como se lhes dissesse alguma coisa de bem; e nós assim o tomamos!

Acabada a missa, tirou o padre a vestimenta de cima, e ficou na alva; e assim se subiu, junto ao altar, em uma cadeira; e ali nos pregou o Evangelho e dos Apóstolos cujo é o dia, tratando no fim da pregação desse vosso prosseguimento tão santo e virtuoso, que nos causou mais devoção.

Esses que estiveram sempre à pregação estavam assim como nós olhando para ele. E aquele que digo, chamava alguns, que viessem ali. Alguns vinham e outros iam-se; e acabada a pregação, trazia Nicolau Coelho muitas cruzes de estanho com crucifixos, que lhe ficaram ainda da outra vinda. E houveram por bem que lançassem a cada um sua ao pescoço. Por essa causa se assentou o padre frei Henrique ao pé da cruz; e ali lançava a sua a todos -- um a um -- ao pescoço, atada em um fio, fazendo-lha primeiro beijar e levantar as mãos. Vinham a isso muitos; e lançavam-nas todas, que seriam obra de quarenta ou cinqüenta. E isto acabado -- era já bem uma hora depois do meio dia -- viemos às naus a comer, onde o Capitão trouxe consigo aquele mesmo que fez aos outros aquele gesto para o altar e para o céu, (e um seu irmão com ele). A aquele fez muita honra e deu-lhe uma camisa mourisca; e ao outro uma camisa destoutras.

E segundo o que a mim e a todos pareceu, esta gente, não lhes falece outra coisa para ser toda cristã, do que entenderem-nos, porque assim tomavam aquilo que nos viam fazer como nós mesmos; por onde pareceu a todos que nenhuma idolatria nem adoração têm. E bem creio que, se Vossa Alteza aqui mandar quem entre eles mais devagar ande, que todos serão tornados e convertidos ao desejo de Vossa Alteza. E por isso, se alguém vier, não deixe logo de vir clérigo para os batizar; porque já então terão mais conhecimentos de nossa fé, pelos dois degredados que aqui entre eles ficam, os quais hoje também comungaram.

Entre todos estes que hoje vieram não veio mais que uma mulher, moça, a qual esteve sempre à missa, à qual deram um pano com que se cobrisse; e puseram-lho em volta dela. Todavia, ao sentar-se, não se lembrava de o estender muito para se cobrir. Assim, Senhor, a inocência desta gente é tal que a de Adão não seria maior -- com respeito ao pudor.

Ora veja Vossa Alteza quem em tal inocência vive se convertera, ou não, se lhe ensinarem o que pertence à sua salvação.

Acabado isto, fomos perante eles beijar a cruz. E despedimo-nos e fomos comer.

Creio, Senhor, que, com estes dois degredados que aqui ficam, ficarão mais dois grumetes, que esta noite se saíram em terra, desta nau, no esquife, fugidos, os quais não vieram mais. E cremos que ficarão aqui porque de manhã, prazendo a Deus fazemos nossa partida daqui.

Esta terra, Senhor, parece-me que, da ponta que mais contra o sul vimos, até à outra ponta que contra o norte vem, de que nós deste porto houvemos vista, será tamanha que haverá nela bem vinte ou vinte e cinco léguas de costa. Traz ao longo do mar em algumas partes grandes barreiras, umas vermelhas, e outras brancas; e a terra de cima toda chã e muito cheia de grandes arvoredos. De ponta a ponta é toda praia... muito chã e muito formosa. Pelo sertão nos pareceu, vista do mar, muito grande;

porque a estender olhos, não podíamos ver senão terra e arvoredos -- terra que nos parecia muito extensa.

Até agora não pudemos saber se há ouro ou prata nela, ou outra coisa de metal, ou ferro; nem lha vimos. Contudo a terra em si é de muito bons ares frescos e temperados como os de Entre-Douro-e-Minho, porque neste tempo d'agora assim os achávamos como os de lá. Águas são muitas; infinitas. Em tal maneira é graciosa que, querendo-a aproveitar, dar-se-á nela tudo; por causa das águas que tem!

Contudo, o melhor fruto que dela se pode tirar parece-me que será salvar esta gente. E esta deve ser a principal semente que Vossa Alteza em ela deve lançar. E que não houvesse mais do que ter Vossa Alteza aqui esta pousada para essa navegação de Calicute bastava. Quanto mais, disposição para se nela cumprir e fazer o que Vossa Alteza tanto deseja, a saber, acrescentamento da nossa fé!

E desta maneira dou aqui a Vossa Alteza conta do que nesta Vossa terra vi. E se a um pouco alonguei, Ela me perdoe. Porque o desejo que tinha de Vos tudo dizer, mo fez pôr assim pelo miúdo.

E pois que, Senhor, é certo que tanto neste cargo que levo como em outra qualquer coisa que de Vosso serviço for, Vossa Alteza há de ser de mim muito bem servida, a Ela peço que, por me fazer singular mercê, mande vir da ilha de São Tomé a Jorge de Osório, meu genro -- o que d'Ela receberei em muita mercê.

Beijo as mãos de Vossa Alteza.

Deste Porto Seguro, da Vossa Ilha de Vera Cruz, hoje, sexta-feira, primeiro dia de maio de 1500. "

Marc Jan Peter Zimmermann

ೞೲ